ACTE PUBLIC

POUR

LA LICENCE.

A TOUS CEUX QUE J'AIME.

ACTE PUBLIC

POUR

LA LICENCE,

SOUTENU EN EXÉCUTION DE L'ARTICLE 4, TITRE 2, DE LA LOI DU 22 VENTÓSE AN XII,

Par M. COMBES (Joseph),

Né a CASTRES (Tarn).

JUS ROMANUM.

DE NEGOTIIS GESTIS.

Interdùm sine consensu nascuntur obligationes quæ nce ex delicto ori-
ginem trahunt; in Gaii commentariis, *variæ juris figuræ* appellantur. Aliæ
diversis contractuum generibus similes sunt, aliæ delictis componere licet.
Quamobrem obligationes *quasi ex contractu* aut *quasi ex delicto* nuncu-
pantur.

Obligationes quasi ex contractu colligatæ, a quinque fontibus descendunt. Inter eas enim numerantur tutela, hereditatis aditio, condominium, indebiti condictio, et postremò negotiorum gestio, de quâ nobis disserendum est.

Ait pretor *si quis negotia alterius sive quis negotia quæ cujusque cum is moritur fuerint, gesserit, eo nomine judicium dabo.* Hoc jus introductum est utilitatis causa ne derelinquerentur absentis negotia; quis enim ad ea accessisset actione denegata.

Negotiorum gestio mandato simillima est; in utraque enim causa, directa et contraria actio datur. Directa qua rationes à domino petuntur. Contraria qua recursus ad dominum negotii exercetur; ceterum negotiorum gestor diligentiam boni patris familias adhibere debet sicut et mandatarius.

Inter mandatum autem et negotiorum gestionem certæ sunt differentiæ quas exponere magni interest; nam in quibusdam casibus incertum est an sit negotiorum gestio aut mandatum; nec parvi refert quomodo agendum sit definire. Primum differunt quòd in mandato e mutua voluntate actio ultro citroque oritur, cum in negotiorum gestione non adhibeatur consensus et obligatio ex re ipsâ veniat; indè sequitur alia differentia. Nam mandatum ex mutua voluntate veniens, necessario fiduciam inter mandantem et mandatorium implicat. Fiducia autem personæ inherens cum persona moritur et igitur mandatum morte utriusque contrahentis solvitur. Negotiorum gestor contra ad res absentis accedendo obligationem contrahit usque ad finem negotium gerere, cum melius sit negotia derelinqui quam incæpta deindè interrupta manere. Mortuo igitur negotiorum domino non cessat administrandi obligatio; imo mortuo negotiorum gestore obligatio ad heredes suos transmittitur. — Postremo mandatarius impensa quæ ad mandatum exsequendum, necessaria fuerunt omnia repetere potest, licet utilia non fuerunt; voluntatem enim mandantis secutus est et dummodo fines contractus non excesserit actio ei dabitur. Contrà autem negotiorum gestor actione contraria recurrere non poterit nisi utiliter gesserit; undè apparet quam magni intersit mandatum a negotiorum gestione secernere.

His generaliter expositis videamus : 1° Quæ necessaria sint ut negotiorum gestio existet.

2° Qui idonei sint ad negotiorum gestionem suscipiendam.

3° Quales sunt effectus qui a negotiorum gestione descendunt.

1° Quæ necessaria sunt ut negotiorum gestio existet.

Qui negotium alienum gessit non domini contemplatione sed sui lucri causa, actionem negotiorum gestorum non obtinebit; suum enim negotium potius gessisse videtur. Nihilominus adversus dominum rectè recurret in quod locupletior factus est. Sed si servum Titii putans qui erat Sempronii dedero pecuniam *ne occideretur,* negotiorum gestorum adversus Sempronium dabitur actio, licet ad negotium alterius accedere negotiorum gestor crediderit.

Non datur actio ei qui invito domino negotium alienum gessit. Hoc casu solum in quod locupletior factus erit dominus conveniri poterit, cum semper equitas velit neminem detrimento alterius locupletiorem fieri; alio modo si quis negotium alienum presente domino gesserit mandatum potius ortum esse videbitur: nam, inter contractus connumeratur qui solo consensu colligantur; atqui nullius momenti est ut voluntatum concursus fiat utrum tacite aut expressis verbis manifestetur.

2° Qui idonœi sint ad negotiorum gestionem suscipiendam.

Servus negotium alterius gerendo sese non obligat cum personæ vicem non sustineat; dominum autem simpliciter obligare nequit sed duntaxat de peculio; actio igitur negotiorum gestorum adversus servi dominum competet in quod peculium valeat. Si deindè liber factus a gestione non recessit solummodo in quod manumissionem secutum est dabuntur actiones. «Planè enim si quid connexum fuit, ut separari ratio ejus quod in servitute » gestum est, ab eo quod in libertate gessit non possit, constat venire in » judicium vel mandati vel negotiorum gestorum et quod in servitute ges- » tum est. » (L. 17, D., *de Negotiis gestis.*)

Filius familias negotium gerendo sese obligat si perfectæ ætatis sit. Ejus autem pater solum modo de peculio astringitur cum principiis congruens sit patrem familias facto servorum aut filiorum ultrà rem peculiarem obligari, non posse.

Tutor actione tutelæ contraria in pupillum experiri poterit, finita tutela;

ipse autem directa recte convenietur quod ad administrationem tutelæ atti-
net. Si autem post tutelæ solutionem negotia pupilli gesserit, ultro citroque
actio negotiorum gestorum nascetur.

Mater quæ filiorum suorum rebus intervenit actione negotiorum gestorum
et ipsis et eorum tutoribus tenebitur. (*Pauli sententiæ*, lib. I, tit. 4, § 4.)

5° Quales sunt effectus qui a negotiorum gestione descendunt.

Actio directa adversus gestorem conceditur, ut rationes prestet; non solum autem sortem exigere potest dominus, sed etiam usuras pecuniæ quam
gestor ad usum suum convertit. Non aliter res se haberet si gestor domini
debitor sit, sine usuris; nam a semetipso exigere potuit. Aliqua tamen es^t
differentia inter duos casus; in primo enim *maximæ usuræ* id est *centesimæ*
debentur, cum in secundo hæ solum quibus aliis idem creditor fenerasset.
Hoc apparet ex lege 38. D., *de Negotiis gestis*. « Sed istius diversa causa est
» qui non sibi sumpsit ex administratione nummos sed ab amico accepit et
» ante negotiorum administrationem. »

Actione contraria gestor obtinebit quod utiliter impenderit; non solum
autem si negotium effectum habuit actione ista utetur; sed sufficit si utiliter
gessit; et ideo si insulam fulsit etiamsi insula exusta est aget negotiorum gestorum. Hac actione peti possunt ea quæ utiliter errogantur in quibus est
etiam sumptus honeste ad honores per gradus pertinentes factus.

In negotiorum gestione ut in mandato culpa *levis in abstracto* venit. Majore
autem ratione diligentiam exactissimam gestor præbere debet, nam manda-
tarium eligere sibi potest mandans et de semetipso quærere solum potest
cum negligentem personam assumat. Negotiorum gestor contra ad res alie-
nas accedit ignorante domino et ideo naturale est cum qui sese obtulit patris
familias diligentis instar administrare. Hoc apparet ex lege 23, 1. 50, t. 17,
de Regulis juris.

CODE NAPOLÉON.

DE LA CAPACITÉ POUR DONNER OU POUR RECEVOIR A TITRE GRATUIT.

(901 a 912, combinés avec les art. 502 et suivants, 25 et autres, 1125, combinés.)

La faculté d'acquérir ou de posséder des biens tient au droit de propriété, dont la société garantit à chacun le libre exercice. Toutes les personnes peuvent donc donner ou recevoir, excepté celles que la loi déclare incapables. Avant d'examiner les incapacités, étudions d'abord le droit en lui-même.

Le droit de propriété entraine avec lui la faculté d'en disposer, à titre onéreux ou gratuit; mais les aliénations à titre onéreux, source principale des transactions, sont loin d'avoir le caractère noble et généreux qui préside à la disposition gratuite; car, cet acte puise sa source dans les sentiments les plus purs et les plus élevés du cœur humain.

On dispose à titre gratuit de deux manières, par donations entre-vifs ou par testaments.

Par testament, l'homme tout en ne donnant que pour l'avenir, fait une juste distribution de ses biens, en récompensant les uns et punissant les autres.

Dans la donation entre-vifs, le donateur préfère le donataire à tout autre, même à soi, et se dépouille actuellement et irrévocablement.

Le Code ne parle pas de la donation à cause de mort, qui était en vigueur dans le Droit romain et dans l'ancienne jurisprudence. Par elle, on se dépouillait en vue d'un danger, ou de la mort considérée toujours comme possible; le danger disparu, ou bien le donateur survivant au donataire, la propriété de la chose donnée n'avait jamais été transmise, et la donation était non avenue. Cette espèce de libéralité avait d'ailleurs pour caractère d'être révocable au gré du donateur.

L'art. 893 du Code Napoléon porte : « On ne pourra disposer de ses biens à titre gratuit que par donation entre-vifs ou par testament. »

Si on prend l'article précité à la lettre, il s'ensuit que les autres genres de dispositions sont prohibées. C'est ainsi que l'a entendu M. Jaubert, dans son rapport au Tribunat.

Quelques auteurs, au contraire, disent que les donations à cause de mort qui s'accomplissent par une convention entre le donateur et le donataire, sont plus conformes au droit naturel que les testaments par lesquels le donateur seul dispose pour un temps où il n'existera plus, et s'appuient sur l'esprit de l'art. 893 pour soutenir la validité de ces donations. Nous préférons adopter la première opinion, persuadés que l'art. 893 est complètement limitatif.

La faculté de disposer entre-vifs dérive du droit naturel. La discussion s'est élevée sur la question de savoir si les dispositions testamentaires prenaient aussi leur source dans le même droit. La faculté de transmettre un patrimoine, fruit de nos améliorations constantes et de nos travaux, à un fils, à un parent ou à toute autre personne qu'unissent à nous les liens du sang ou de l'affection, ne rentre-t-elle pas dans un principe et un sentiment naturels, ou bien vaut-il mieux qu'après notre mort ce patrimoine devienne la propriété du premier occupant, ou qu'il entre dans le fonds commun de la société? Entre les deux théories, il nous paraît impossible d'opter pour celle qui ne tient aucun compte des liens du sang et de l'attachement.

Ces considérations générales établies, nous allons traiter : 1° de la capacité de donner; 2° de la capacité de recevoir.

SECTION PREMIÈRE.

De la capacité de donner.

L'art. 902 nous dit : Toutes personnes peuvent disposer et recevoir, excepté celles que la loi en déclare incapables. Il suit de là que la capacité de donner est de Droit commun; les incapacités sont des exceptions. Elles doivent résulter d'un texte formel.

On divise les incapacités en absolues et relatives. Les incapacités absolues empêchent de donner ou de recevoir indéfiniment à l'égard de toutes personnes.

Les incapacités relatives empêchent de donner à certaines personnes seulement, ou de rien recevoir d'elles. Ces incapacités existent à titre de peine ou à titre de protection.

L'art. 901 du Code Napoléon proclame en ces termes la plus radicale des incapacités absolues de donner : « Pour faire une donation entre-vifs ou un testament, il faut être sain d'esprit. » Pour être sain d'esprit, il faut posséder habituellement toutes ses facultés intellectuelles, pouvoir discerner, avoir la conscience de ses actes.

Les dispositions de l'art. 901 sont non seulement applicables à tous les actes, mais encore elles forment un principe qui régit spécialement les libéralités, et qui doit être entendu sans aucune modification.

Cet article nous dit que pour donner il faut être sain d'esprit; il ne nous rappelle nullement les règles des art. 502, 503-504 relatives à l'interdiction. Devons-nous alors combiner ces articles avec l'art. 901, ou bien les déclarer indépendants? La doctrine est restée longtemps dans l'indécision sur le point de savoir si l'art. 504, qui veut qu'après la mort d'un individu les actes par lui faits ne peuvent être attaqués; pour cause de démence, qu'autant que son interdiction aurait été prononcée ou provoquée avant son décès, devait restreindre les dispositions de l'art. 904. Mais ce doute n'existe plus aujourd'hui. La jurisprudence de la Cour de Cassation a consacré la négative. Conséquemment on peut, dans le but de faire annuler une disposition à titre gratuit, alléguer tous les faits qui sont propres à

— 8 —

établir que le donateur ou le testateur, dont l'interdiction n'a été ni provoquée ni prononcée, de son vivant n'était cependant pas sain d'esprit lorsqu'il a fait l'acte. Peu importe que le notaire le constate, car la loi ne lui a pas donné la mission étrangère à son ministère, de juger l'état mental de celui dont il écrit les volontés.

L'art. 504 est donc indépendant de l'art. 901. En est-il de même pour les art. 502 et 503 ? L'art. 503 annule tous les actes faits par l'interdit postérieurement au jugement d'interdiction, sans distinguer entre les actes à titre gratuit des actes à titre onéreux. Il est évident même qu'il existe une raison plus forte de décider pour les premiers que pour les seconds; car, les libéralités sont des actes plus dangereux, qu'il est plus facile d'obtenir de la faiblesse de l'interdit, que des aliénations à titre onéreux. Les premiers, à la différence des seconds, s'obtiennent par une influence sur les affections et le caractère du donateur, et il serait à craindre qu'on n'abusât d'un interdit, qui porte, dans les intervalles lucides, l'impression de sa faiblesse habituelle. L'art. 901 a été fait, au contraire, pour aggraver l'incapacité en matière de libéralités, et il est relatif à l'individu non encore interdit.; car, tandis que pour les actes onéreux, il faut prouver que l'individu non interdit était dans un état *habituel* et *notoire* d'imbécilité, de démence ou de fureur; il suffira, pour faire annuler une donation ou un testament, de démontrer qu'au moment de l'acte l'auteur de la disposition n'était pas sain d'esprit; cette preuve suffira pour faire tomber la libéralité, quand même l'état de démence ne serait ni *habituel* ni *notoire.*

L'ancienne jurisprudence a traité des libéralités qui ont précédé le suicide ou la colère, le Code Napoléon ne les mentionne pas. Les tribunaux ont, dans ce cas, le droit d'appréciation.

2°. *Incapacité fondée sur l'état de minorité.* — Avant l'âge de seize ans, le mineur ne pourra faire aucune disposition gratuite (C. N. 903). Les articles 1094 et 1095, nous font voir cependant une exception. C'est dans le cas où avant le mariage, et par contrat, les époux se font des libéralités.

A l'âge de quinze ans, la femme peut faire une donation à son futur époux, avec l'assistance des personnes dont le concours seul rend son mariage valable; cette faculté cesse quand le mariage est consommé; car on pouvait craindre alors l'influence du mari sur l'esprit de sa femme.

— 9 —

Le mineur âgé de seize ans *accomplis*, émancipé ou non émancipé, peut disposer par testament et non par donation entre-vifs jusqu'à concurrence seulement de la moitié des biens qu'il pourrait donner s'il était majeur (C. N., art. 904). Le législateur en défendant au mineur la donation en-trevifs a prévu le cas où il pourrait être victime de ses passions, ainsi que d'une trop grande bienfaisance dont son jeune âge ne lui a pas permis de fixer les limites. Tandis que par acte de dernière volonté, comme la pensée de la mort préside toujours à sa confection, le mineur est censé devoir agir avec plus de discernement, car alors il est occupé de ses devoirs de famille et de reconnaissance.

3° *La femme mariée* majeure peut tester sans aucun consentement, mais elle ne peut donner entre-vifs qu'avec l'autorisation de son mari ou celle de la justice (905-217). Dans ce dernier cas une distinction doit être faite. Si la femme est mariée sous le régime dotal et que l'aliénation soit permise seulement par la justice, le mari doit conserver la jouissance de ses biens (1555). Si au contraire elle est mariée sous le régime de la communauté, les tribunaux ne peuvent autoriser la disposition gratuite du patrimoine commun, que dans les cas énoncés par les articles 1426-27 du Code Nap.

Il y a encore d'autres incapacités relatives à des établissements publics, que que le Code passe sous silence ; ce sont des personnes morales qui ne peuvent faire des aliénations qu'avec les autorisations nécessaires.

Toutes ces incapacités sont prononcées à titre de protection, une seule est prononcée à titre de peine, c'est celle qui était prononcée par l'art. 25, Code Napoléon, contre le mort civilement : « Le mort civilement ne peut ni disposer soit par donation, soit par testament, ni rien recevoir à ce titre, si ce n'est pour cause d'aliments. » Quoique la mort civile ait été abolie par une loi récente, l'incapacité subsiste dans une certaine mesure ; car, les peines qui entraînaient la mort civile donnent lieu à la dégradation civique. La loi nouvelle y a également attaché l'incapacité de donner à titre gratuit ou même de recevoir, si ce n'est pour cause d'aliments. Comme sous le Code Napoléon, la loi refuse de faire exécuter le testament du condamné.

Nous trouvons encore une incapacité dans le Code de Commerce, art. 443, qui frappe de nullité toute aliénation gratuite faite par le failli dans les dix jours qui précèdent la faillite. Mais cette nullité dérive moins d'une incapa--

cité, que de la conséquence de la règle *nemo liberalis nisi liberatus.* — Car si la masse des biens du failli pouvait servir au paiement intégral de tous les créanciers, on ne saurait alors mettre en doute la validité de l'aliénation.

SECTION DEUXIÈME.

Des incapacités de recevoir.

De même que la capacité de donner, la capacité de recevoir est de droit commun. Les incapacités sont, ou générales ou spéciales.

1° La non existence est la première des incapacités. L'art. 906 nous dit : « Pour être capable de recevoir entre-vifs, il suffit d'être conçu au moment de la donation. » Si les dispositions ont lieu par testament, il suffit que le légataire soit conçu à la mort du testateur, peu importe qu'il le soit au moment de la confection du testament, car c'est seulement à la mort du testateur que l'acte de dernière volonté prend un caractère définitif. Peu importe que le legs soit pur et simple, à terme ou conditionnel. L'art. 906 ajoute que la donation ou le testament n'auront leur effet, que tout autant que l'enfant sera né viable. Il ne faut pas croire que si l'enfant avait respiré, le legs serait par cela même valide, il faut qu'à sa naissance l'enfant soit conformé de manière à pouvoir vivre. On comprend aisément cette disposition, le législateur a voulu ainsi empêcher que la propriété ne s'arrêtât sur la tête de celui auquel la nature semble n'avoir accordé une existence que pour la lui enlever dans peu d'instants.

2° Le condamné à une peine perpétuelle afflictive ne peut rien recevoir si ce n'est à titre d'aliments. On lui accorde même le droit de réclamer ces aliments. Ainsi donc, dans ce but, il peut recevoir un capital, sauf réduction si la libéralité est trop grande.

3° Art. 207. 934. — Ceux qui se trouvent dans un état de dépendance, ne peuvent rien recevoir sans l'autorisation de leur protecteur légal. Ainsi, la femme mariée ne peut accepter une donation ni un testament, sans l'autorisation de son mari, ou à son défaut, de la justice.

4° Le mineur ne peut de même rien recevoir sans l'autorisation de son tuteur et le consentement du conseil de famille (463, 935). Le mineur

...ancipé pourra accepter avec l'assistance de son curateur. Néanmoins, père et mère du mineur émancipé ou non émancipé ou les autres ascendants, même du vivant des père et mère, quoiqu'ils ne soient ni tuteurs ni curateurs du mineur, pourront accepter pour lui. L'incapacité de la femme mariée et du mineur, pour recevoir une libéralité, s'explique par deux raisons : 1° parce que la donation peut être faite *sub modo*, et qu'il peut y avoir lieu de balancer les charges avec les avantages ; 2° parce qu'elle pourrait avoir une origine impure qui commanderait le refus.

Il nous reste maintenant à nous occuper des incapacités qui frappent les personnes morales, telles que les communes, les établissements publics composés d'une agglomération de citoyens. Ces personnes morales rentrent dans la classe des personnes civiles. Elles peuvent, dès lors, posséder, acquérir, contracter des engagements comme de simples particuliers, mais l'exercice de ces droits a été soumis, dans leur intérêt même, à des formes spéciales qui sont réglées par les lois civiles et administratives. Le gouvernement seul peut les autoriser à accepter les donations qui peuvent leur être faites. L'art. 910, à ce sujet, s'exprime en ces termes : « Les dispositions entre-vifs ou par testament au profit des hospices, des pauvres d'une commune ou d'établissements d'utilité publique, n'auront leur effet qu'autant qu'elles seront autorisées par ordonnance royale. »

Cette autorisation est basée sur trois motifs puissants :

1° Une libéralité peut paraître très avantageuse, lorsqu'une charge la grève cependant (*ultrà vires*), et alors une acceptation imprudente pourrait devenir un mal et exiger ainsi une aliénation indirecte de la richesse communale. Le gouvernement examine alors le don et le rejette quand il le trouve désavantageux à l'établissement auquel on l'a fait ; 2° une considération qui s'appuie sur l'intérêt général, a voulu empêcher qu'une trop grande quantité de biens soient retirés du commerce par suite de leur acquisition par ces établissements, car alors ces biens sont presque toujours en dehors de la circulation, et c'est là le mal que le législateur a voulu éviter ; 3° enfin, ces libéralités sont presque toujours faites au préjudice de la famille du disposant ; et c'est pour examiner si d'après cette considération elles doivent être acceptées ou réduites, que la loi a voulu les soumettre à un examen préalable.

Telles sont les incapacités générales. Il nous reste maintenant à voir les incapacités spéciales, basées sur les rapports intimes du donateur et du donataire, et c'est à raison de ces rapports qu'on a pu supposer la captation ou la fraude.

Le tuteur ne peut rien recevoir du pupille même par testament. Bien plus : « Le mineur devenu majeur ne peut disposer, soit par donation entre vifs, soit par testament au profit de celui qui a été son tuteur, si le compte définitif de la tutelle n'a été rendu et apuré (907). La loi a établi cette disposition parce qu'elle avait à craindre l'influence du tuteur sur son pupille ; mais pour ce qui concerne les père, ou mère ou autres ascendants qui ont géré une tutelle, on a supposé que s'ils avaient sur le mineur une influence, c'était seulement celle qui résulte de l'affection ; aussi l'art. 907 lève à leur égard la prohibition de recevoir de leur pupille.

L'art. 909 nous signale une autre incapacité relative aux médecins, pharmaciens, officiers de santé. Mais il faut pour que cette prohibition soit applicable, le concours de deux circonstances : 1° que les donataires ou légataires aient traité le malade pendant la maladie dont il est mort, et 2° que la libéralité ait été faite pendant cette maladie. Un arrêt de la Cour de Cassation en date du 30 août 1818, a excepté de cette prohibition les médecins qui auraient donné leurs soins à leur épouse malade. L'art. 212 qui prescrit aux époux, secours, fidélité et assistance, nous donne une considération assez puissante pour justifier cette exception en leur faveur. Puisque les médecins légalement autorisés à exercer, ne peuvent rien recevoir de leur malade, à aucun titre, à plus forte raison devons-nous classer dans cette prohibition les hommes qui, au mépris des réglements, s'ingèrent d'en faire habituellement les fonctions sans titre légal, tels que les empiriques, les charlatans. Il y a même contre ces derniers des motifs plus puissants, car il est de principe qu'on ne peut invoquer la violation de la loi ou des réglements pour échapper aux effets d'incapacité. D'ailleurs les médecins illicites ont souvent sur les malades une influence plus grande que les médecins autorisés et consciencieux ; car, tous les moyens leur paraissent bons pour se procurer l'affection du mourant.

La même prohibition s'applique au ministre du culte qui a donné au malade les secours de la religion pendant la maladie qui a précédé la mort.

La Cour de Cassation (arrêt du 18 mai 1847), a décidé qu'un ministre du culte n'est pas incapable de recueillir des libéralités quoiqu'il n'ait pas quitté le malade, dans ses derniers moments, pourvu toutefois qu'il ne lui ait point administré des secours spirituels.

La loi, dans l'art. 908, établit une distinction entre les enfants naturels et les enfants légitimes; les premiers ne peuvent rien recevoir, par donation entre-vifs ou par testament, au delà de ce qui leur est accordé au titre des successions, tandis que les enfants légitimes peuvent tout recevoir, sauf réduction s'il y a lieu (913). Cette inégalité fixée par la loi a pour but d'honorer le mariage.

L'art. 1098 nous donne une nouvelle incapacité: « L'homme ou la femme qui, ayant des enfants d'un autre lit, contractera un second et subséquent mariage, ne pourra donner à son nouvel époux qu'une part d'enfant légitime, le moins prenant, et sans que, dans aucun cas, ces donations puissent excéder le quart du bien. »

L'incapacité prononcée par l'art. 912 contre les étrangers, a été abrogée par la loi du 14 juillet 1819.

Nous avons vu les incapacités de donner et celles de recevoir. Il nous reste à voir à quelle époque doivent se rapporter ces incapacités.

Epoque à laquelle doivent se rapporter les incapacités.

En principe, le disposant doit être capable au moment où il est dépouillé irrévocablement; la personne qui reçoit une libéralité, au moment où elle est irrévocablement saisie.

Pour le testament, le testateur doit être capable au moment de la confection, sans quoi le testament serait nul dès l'origine. Il doit être aussi capable au moment où il se dépouille irrévocablement, c'est à dire, à son décès. La jurisprudence a décidé que l'incapacité survenue dans l'époque intermédiaire ne nuit pas au testament. Du reste, il faut distinguer entre la jouissance et l'exercice du droit de disposer; — il faut avoir, au moment de la confection du testament, l'exercice et la jouissance du droit de tester; au moment du décès, la jouissance seule est nécessaire. La perte simultanée de l'exercice et de la jouissance dans la période intermédiaire n'aurait aucune influence sur la validité du testament.

Les légataires qui ne sont investis qu'à la mort du testateur, doivent être capables à cette époque pour que le legs leur profite.

Pour la donation entre-vifs, qui ne peut se former que par le concours de deux volontés, il est nécessaire que le donateur soit capable au moment de la donation; et le donataire au moment de l'acceptation.

CODE DE COMMERCE.

Des Sociétés. Les principes généraux seulement.

Le mot société a deux sens et peut être pris sous deux acceptions différentes dans le langage du commerce. Quelquefois il signifie la convention par laquelle plusieurs personnes s'obligent à faire quelque chose en commun, dans le but d'opérer un bénéfice. D'autres fois il exprime le corps moral formé par la réunion de ces personnes.

Avant d'entrer en matière, il est nécessaire de s'appuyer sur une classification. Il nous sera ainsi plus facile d'envisager la société sous les différents points de vue qu'elle pourra nous offrir.

Les caractères essentiels de la société commerciale, pour ne pas confondre avec d'autres négociations, seront l'objet du premier chapitre.

Nous consacrerons le deuxième à donner quelques principes sur la mise des associés.

Le troisième offrira les règles à suivre pour la répartition des profits et des pertes; enfin, dans le quatrième, nous traiterons de l'obligation des associés de soumettre leurs contestations à des arbitres.

CHAPITRE PREMIER.

DES CARACTÈRES ESSENTIELS DES SOCIÉTÉS COMMERCIALES.

Le caractère essentiel et distinctif dans une société, est la volonté de s'unir. Ce caractère distingue la société de certaines conventions qui pourraient avoir avec elle quelques points de communs. Ainsi, la communauté qui résulte forcément de la copropriété dans une chose, ou dans des droits dont le partage n'a point encore été fait, n'est pas une société. Cette communauté prend naissance ordinairement en dehors de la volonté des parties, et lors même que leur volonté y eût concouru, il n'existe pas de société, à moins que l'intention originaire de l'associé ne soit clairement démontrée.

Ainsi, deux ou plusieurs enfants héritiers d'un commerçant ne sont pas associés, quoique toute la succession consiste en objets de commerce. De même, lorsqu'une personne donne à une autre des objets pour qu'elle ait à les vendre, en lui promettant la portion du prix qui excèdera une somme fixée d'avance ; il ne se forme pas de société entre elles, mais seulement une commission par laquelle celui qui loue ses services pour opérer la vente, n'obtient un bénéfice que dans un cas éventuel.

Cette différence entre la société et la communauté est extrêmement importante à distinguer. Car dans une société, si la mise dont l'un des associés a conféré la propriété vient à périr par cas fortuit, elle périt pour le compte de tous, sans que celui qui l'y avait apportée perde son droit aux avantages communs (Code Nap., 1851). — Tandis que dans la communauté on doit appliquer la maxime *res perit domino*, chaque objet périssant pour le compte de celui à qui il appartient.

Il est de l'essence de la société que les associés se choisissent. Un associé ne peut forcer les autres à recevoir une personne à qui il céderait tout ou une partie de ses droits, même dans le cas où cet associé serait administrateur de la société (C. C., 1861). Ordinairement, l'admission d'un nouvel associé doit être sanctionnée par la volonté expresse des autres. Toutefois, cette règle peut être modifiée par les clauses de l'acte de société.

La société, personne morale, peut, par toutes sortes de contrats ou quasi-contrats, s'engager ou engager à son égard. Il peut même arriver que les associés, nonobstant cette qualité, peuvent acquérir les droits qu'acquerraient des tiers envers elle. La société étant parfaitement distincte des individus qui la composent, un associé peut avoir des créances contre elle ; ces créances ont même, dans certains cas, l'avantage particulier de produire intérêt de plein droit, la loi présumant qu'il a agi en qualité de mandataire (Cod. C., 2001).

Puisque nous venons de voir qu'il y a une différence entre la société considérée en elle-même et les personnes qui la composent, on sent qu'elle doit porter un nom qui établit cette distinction, et qui l'empêche de se confondre avec d'autres. C'est l'objet de la raison sociale. L'art. 21 du Code de Comm. nous dit que les noms seuls des associés peuvent faire partie de la raison sociale.

Il ne faut point confondre la raison sociale appelée aussi quelquefois raison de commerce, avec la dénomination que peut porter un établissement commercial. La première est le nom qui seul pourra figurer dans les actes, et la seconde est le titre dans lequel elle a été instituée, par lequel la société veut se faire connaître au dehors. Au point de vue du Droit, il est aussi utile d'établir cette distinction, car dans une vente d'établissement de commerce, les nouveaux acquéreurs ne peuvent signer leurs actes avec la raison sociale de l'établissement antérieure à leur achat, même sous le prétexte d'étendre leur crédit. Ils seraient dans ce cas passibles des peines énoncées par l'article 405 du Code Pénal.

Mais il n'en est pas de même de la dénomination de l'établissement. Elle peut être vendue, et même souvent elle est de plein droit cédée avec l'établissement qu'elle désignait à la confiance, ou aux besoins du public.

CHAPITRE II.

DE LA MISE DES ASSOCIÉS.

D'après la définition de la société, nous avons vu qu'il était nécessaire que chacun des associés mit quelque chose en commun dans le but de réaliser et de partager des bénéfices. C'est là ce qu'on appelle mise ou apport.

Tout ce qui est appréciable ou qui peut devenir l'objet de conventions, peut former la mise dans une société.

L'usufruit des choses qu'un associé met dans la société, peut aussi être considérée comme un apport. La différence des diverses choses qui sont mises en société, ne devient sensible que dans le cas de transmission de propriété. Ainsi quand la mise consiste en immeubles, les créanciers ont contre la société les mêmes droits qu'ils auraient contre un tiers acquéreur.

L'industrie peut aussi être considérée comme un apport. Par exemple, dans le cas d'une invention nouvelle, celui qui en est l'auteur s'associe dans le but de l'exploiter. Dans ce cas, il est facile de comprendre que sa mise, quant au capital, sera moindre de celle des autres associés; car s'il y a des bénéfices réalisés dans la suite, c'est à son industrie que les autres associés le devront.

Il en est de même pour un homme connu depuis longtemps pour sa haute capacité dans les affaires. Son crédit peut devenir l'objet d'une mise sociale. Ceci peut se présenter dans le cas où des personnes inconnues jusqu'alors désireraient mettre à la tête de la société un homme qui par sa réputation faciliterait la prospérité de l'établissement.

La quotité des apports est fixé par les statuts de la société. Toutefois, s'ils n'en fesaient pas mention, la présomption serait que les apports sont égaux. Si quelques-uns seulement étaient déterminés, on présumerait que ceux qui sont indéterminés ont une valeur au moins égale au moindre de ceux dont la valeur a été constatée.

Souvent on stipule que le capital d'une société serait divisé en un cer-tain nombre de parts auxquelles on donne le nom d'*actions*.

L'action est une partie indivise de tout ce qui compose le fonds social. La réunion des actions forme le capital de la société. Tant que la société existe, les actions ne donnent droit qu'aux bénéfices réalisés : elles sont sus-ceptibles d'être vendues. A la dissolution de la société, le capital se divise proportionnellement aux actions.

CHAPITRE III.

DE LA DÉTERMINATION DES PARTS DANS LES PROFITS ET PERTES.

Toute société devant être contractée pour l'intérêt commun des partiés, il suit de là que chacune d'elles doit participer aux bénéfices et aux pertes. L'art. 1855 du Code Napoléon, prohibe la clause qui donnerait à l'un des associés la totalité des bénéfices. Ordinairement, la participation au gain ou aux pertes est proportionnelle à la mise, et lorsque les mises n'ont pas été déterminées, on suppose que les parties ont entendu avoir une égale participation. Ces règles peuvent subir de grandes modifications, subordonnées à la volonté des associés. Ils peuvent même y déroger à la condition de ne pas enfreindre les prohibitions portées par l'art. 1855, 1er et 2e alin.

On règle les bénéfices et les pertes à la fin de chaque année, à l'époque de l'inventaire, à moins que des conventions particulières ne fixent une autre époque. Il ne s'ensuit pas que chaque année les associés soient obligés de partager entre eux le bénéfice; ordinairement, ces profits restent pour augmenter le fonds social; mais, à moins de stipulation contraire, ils peuvent retirer leur part à cette époque; toutefois, ils doivent attendre, pour en exiger le paiement, que cela ne nuise en rien aux opérations de la société. Nous n'admettons pas que les associés, qui auraient reçu des dividendes pendant que la société était en état de prospérité, soient obligés de les rapporter en temps de revers. Cette doctrine nous paraît repoussée par les nécessités de la pratique; car, il est impossible de forcer les associés à rapporter des sommes dépensées la plupart du temps, et dont les arrérages accumulés les ruineraient tout à coup.

CHAPITRE IV.

DE L'OBLIGATION DES ASSOCIÉS DE FAIRE JUGER LEURS DIFFÉRENDS PAR DES ARBITRES.

Dans toutes les contestations qui peuvent s'élever entre les associés, soit pendant la durée de la société, ou à sa dissolution, les associés doivent être jugés par des arbitres, sans pouvoir s'y soustraire même en comparaissant devant les juges ordinaires (Cassation, 7 janvier 1848). Cette juridiction exceptionnelle a été établie pour ne pas forcer les associés à produire leurs opérations au grand jour d'une audience publique, et de dévoiler ainsi des opérations qui ont besoin de mystère. Mais ce motif ne serait pas applicable si la contestation portait sur la qualité d'associé; car, dans ce cas, il ne s'agit plus d'une contestation entre associés.

Des diverses espèces de sociétés.

La loi reconnaît quatre espèce de sociétés commerciales :
La société en nom collectif ;
La société en commandite ;
La société anonyme (Com. 19).
Les associations commerciales en participation (Com. 47).

DROIT ADMINISTRATIF.

A qui appartient le droit d'Interprétation, d'Explication et d'Application des Actes administratifs.

Cette question se rattache à la séparation des pouvoirs judiciaire et administratif; elle est même la source des difficultés les plus nombreuses auxquelles donne naissance l'application de ce principe de droit public. Le défaut de textes positifs a placé la jurisprudence et la doctrine dans la nécessité de résoudre toutes les controverses à l'aide des lumières de la raison, et en s'inspirant de la pensée qui avait fait établir le principe général. Il est aisé de comprendre que les déductions aient été tirées avec quelques hésitations, et qu'il y ait eu des retours de jurisprudence. S'ils se produisent fréquemment dans l'interprétation des matières codifiées, comment n'en serait-il pas de même lorsqu'il s'agit de tirer les conséquences d'une règle aussi vague ou du moins d'une généralité si étendue ?...

Voici, en effet, sur quels textes la jurisprudence et la doctrine ont eu à construire. L'art. 13 du tit. 2 de la loi des 16-24 août 1790, sur l'organisation judiciaire, avait dit : « Les fonctions judiciaires sont distinctes et demeureront toujours séparées des fonctions administratives. Les juges ne pourront, à peine de forfaiture, troubler, de quelque manière que ce soit, les opérations des corps administratifs, ni citer devant eux les administrations pour raison de leurs fonctions. » La même disposition fut écrite dans la Constitution du 3 septembre 1791 ; — la Convention nationale rendit un décret à ce sujet, en date du 2 septembre 1795 ; — le Directoire exécutif eut à rappeler ces principes à l'occasion d'un jugement rendu par le tribunal civil des Ardennes (22 mars 1790).

Pour faire une saine application du texte qui vient d'être cité, il faut dis—
tinguer trois positions sous lesquelles l'administration peut se présenter
quand elle exerce ses attributions.

A l'administration appartient d'abord le droit de pourvoir à l'exécution des
lois par des dispositions réglementaires qui les complètent, en faisant descen—
dre les règles générales aux détails de la pratique quotidienne. Ce pouvoir
lui appartient tantôt en vertu de ses pouvoirs propres, tantôt en vertu d'une
délégation spéciale écrite dans la loi. Ainsi, le chef de l'Etat et les préfets
exercent le pouvoir réglementaire, le premier dans toute la France, les
seconds dans leur département; les maires ont la même autorité dans les
communes en ce qui concerne les objets confiés à la vigilance des corps munici-
paux, par décret du 14 décembre 1789, et de la loi des 16-24 août 1790. —
Lorsque la loi délègue au Pouvoir exécutif le soin de faire un réglement d'administration publique, ajoute-t-elle quelque chose au pouvoir du chef de
l'Etat ? Nous pensons que cette désignation spéciale a plutôt pour effet de
lui tracer un devoir que de lui conférer un droit. Si la loi dit qu'un réglement
d'administration publique sera rendu pour la compléter sur quelques points
qu'elle détermine, l'administration doit y pourvoir, ou du moins son ini-
tiative est provoquée; au contraire, lorsqu'elle agit en vertu de ses pouvoirs généraux, c'est elle qui choisit spontanément le moment de son inter-
vention. D'ailleurs, cette délégation a pour effet de déterminer la forme du
réglement et d'exiger la délibération du Conseil d'Etat, sans laquelle il serait illégal et dépourvu de force obligatoire. Les réglements sont le complé-
ment de la loi et font en quelque sorte avec elle un seul et même tout; ils
ne doivent donc pas être séparés dans l'application. Conséquemment, c'est
aux tribunaux ordinaires qu'appartiendra leur application et leur interprétation par voie de doctrine.

Il existe deux sortes d'interprétations, l'interprétation par voie de doctrine et l'interprétation par voie d'autorité. La première est dans les attributions de l'autorité judiciaire, elle est impérative, mais seulement dans
les limites de la cause, sa force est celle de l'autorité de la chose jugée,
ni plus ni moins; la seconde dépasse les pouvoirs du juge, et pour déterminer à qui elle appartient, il suffit d'appliquer la maxime *ejus est interpretari cujus est condere.* S'agit-il d'expliquer la loi? une loi sera nécessaire.

S'agit-il de fixer le sens d'un réglement d'administration? le chef de l'Etat, en Conseil d'Etat, y pourra pourvoir. Mais l'interprétation par voie de doctrine appartient au juge pour les lois et les réglements, et il est même obligé de les appliquer malgré l'obscurité dont il pourrait avoir à se plaindre, à peine d'être coupable de déni de justice. (C. Nap., art. 4.)

L'administration ne procède pas toujours par voie de disposition générale et réglementaire. Ses actes sont ordinairement spéciaux et individuels. En vertu de son droit de commander et de prescrire, elle prend à chaque instant, dans l'intérêt général, des mesures qui frappent les citoyens tantôt dans leurs intérêts, tantôt dans leurs droits. C'est en cela que consiste l'*acte administratif* qui se distingue du réglement par son caractère de spécialité. Sans doute le réglement émane des agents de l'administration et il se rattache au pouvoir de commandement; c'est pour cela que certains auteurs l'appellent aussi *acte administratif*. Assurément, ces différences de terminologie n'ont pas une grande importance, pourvu que l'on soit d'accord sur le fond; mais pourquoi ne pas faire sentir par les différences des termes les distinctions qui existent dans la réalité, et ne pas réserver la dénomination *d'acte administratif* pour l'acte ayant un caractère spécial, puisque les dispositions réglementaires ont un nom qui leur convient de tout point.

L'application des actes administratifs appartient en général à l'autorité administrative. Une prescription est-elle nécessaire? c'est l'administration pure qui doit l'ordonner. L'acte donne-t-il lieu à un recours? c'est la juridiction administrative qui en connaîtra. Il ne fallait pas qu'après avoir pourvu par des mesures utiles à l'intérêt général, le pouvoir abandonnât leur efficacité à des corps indépendants, inamovibles et imbus de traditions judiciaires. Aussi les lois lui ont-elles attribué tout à la fois le droit de commandement pour donner l'impulsion, et le droit de juridiction pour écarter promptement les obstacles qui pourraient entraver sa marche.

Mais si telle est la règle générale, il existe des exceptions dans lesquelles les tribunaux ordinaires ont compétence pour faire l'application des actes administratifs. Ainsi, il est de règle que toutes les questions de propriété, de servitude, d'usufruit, ressortissent aux tribunaux civils. En règle générale, les tribunaux ordinaires sont compétents toutes les fois qu'il s'agit de juger une question de propriété fondée sur des actes administratifs, ou de pourvoir à leur exécution par des moyens de droit commun. Toutefois, ce pouvoir n'appartient aux juges que dans le cas où l'acte à appliquer est parfaitement clair et incontestable; si, au contraire, il est obscur, c'est au pouvoir administratif qu'appartient le droit d'explication, et cette interprétation lui appartient, soit qu'il s'agisse d'interprétation officielle et générale, soit qu'il s'agisse d'interprétation doctrinale à propos d'une affaire déterminée. Le premier point ne saurait être douteux puisque le pouvoir judiciaire ne peut statuer par voie de disposition générale ou réglementaire (Cod. Nap., art. 5). Quant au second, il résulte du principe de la séparation des pouvoirs; car si le pouvoir judiciaire avait le droit de fixer le sens d'un acte administratif, il pourrait trouver dans cette faculté un moyen d'empêcher les effets qu'il doit produire en méconnaissant sa portée.

Il reste encore à déterminer devant quelle juridiction administrative devra être porté le différend sur l'interprétation, car nous n'avons établi jusqu'à présent qu'une doctrine négative de la compétence judiciaire. Si l'acte à interpréter est un décret impérial, c'est au chef de l'État que la demande devra être faite; l'action sera portée au conseil d'État suivant la forme qui est ordinairement suivie pour l'introduction des actions contentieuses. Dans ce cas, le conseil d'État doit être saisi directement, quoiqu'il ne soit en règle générale le juge ordinaire du second degré. Cette exception est nécessitée par le principe *Ejus est interpretari cujus est condere* (Ord. du 6 mars 1835).

Si l'acte émane d'un ministre, c'est à lui que sera demandé le sens de cet acte, par le même motif. On doit suivre cette marche, même pour des matières attribuées par des dispositions formelles aux Conseils de préfecture ou à tout autre juridiction administrative. Puisque le bon sens seul exige que l'interprétation d'un acte soit demandée d'abord à celui qui en est l'auteur, et que les règles de la subordination hiérarchique interdisent au Conseil de préfecture l'interprétation des actes émanant de l'empereur, nous nous appuierons sur cette règle, pour décider de même des actes émanant des ministres ou des préfets. Il faut cependant admettre une restriction, car, si l'acte a donné naissance à des droits acquis on pourra se pourvoir contre lui devant la juridiction contentieuse. Cette règle s'applique aux préfets, au maire, et en général à toutes les autorités administratives. On demandera d'abord l'explication de l'acte à l'auteur, et le recours aura lieu suivant les règles ordinaires. S'il s'agissait d'un arrêté d'un Conseil de préfecture, c'est à lui que la demande d'interprétation sera primitivement portée, et le recours aura lieu devant le Conseil d'État; si l'acte émanait du maire, il faudrait aller du maire au préfet, du préfet au ministre, et de celui-ci au Conseil d'État. L'interprétation des actes administratifs est d'ailleurs purement doctrinale, elle n'est donnée qu'à l'occasion d'une instance pendante devant les tribunaux, et si elle était demandée comme action principale, elle serait rejetée à raison de son inopportunité. Ces décisions interprétatives participent donc de tous les caractères de la chose jugée. Il en résulte qu'elles n'ont d'effet qu'entre les parties engagées au procès, et que si un nouveau débat s'engage, une nouvelle interprétation pourra être demandée. La juridiction saisie ne sera pas liée par la solution précédente et elle pourra rendre une décision différente de la première.

Vu par le président de la thèse,

Chauveau-Adolphe.

Cette thèse sera soutenue, le 19 juillet 1854, dans une des salles de la Faculté.

Toulouse, imprimerie BAYRET et Cⁱᵉ, rue Peyras, 12.